In Liebe für Bernd,

der mein Leben so lebenswert macht

Sommerfrische

MEINE DREI ALLGÄUER JAHRESZEITEN

BARBARA SCHLACHTER-EBERT

Mit Fotografien von Björn Kray Iversen

UMSCHAU

... unser Kennenlernen geschah folgendermaßen:

Eines Tages kam die Barbara mit einer gemeinsamen Freundin zu mir in den Brückenkeller zum Essen. Sie wollte hinterher noch die Küche sehen, und so lernten wir uns kennen.

An diesem Abend haben wir meinen Sous-Chef verabschiedet, und das hat sie mitbekommen.
Wir haben zusammen ein Glaserl getrunken, und da hat sie prompt gefragt, ob sie nicht mein Sous-Chef werden kann. Da war ich im ersten Moment baff und überrumpelt, aber ihre Art hat mir imponiert und zum ersten Mal eine Frau als Sous-Chef, warum nicht?

Sie hat nicht locker gelassen und am nächsten Tag angerufen, ob sie nicht 2 Tage Probe arbeiten kann. Das hat sie gemacht, wollte mir dann die Zeugnisse noch geben, und da hab ich gesagt: „Die brauch ich nicht mehr!"

Sofort wusste ich, hier ist jemand, der seinen Beruf liebt. Sie hat Gespür und Respekt für das Produkt. Ausgefallen, bodenständig und raffiniert, so präsentiert sie heute ihre Gerichte.
Die Liebe zur Natur ist ihr sehr wichtig und ihre wunderbare Familie gibt ihr die Kraft. Ich bin stolz, dass ich sie zu meinen Schülerinnen zählen darf und mich damals überrumpeln ließ.

Weiterhin Alles Gute für die Zukunft.

Dein

Das Kochen lag mir sicherlich im Blut, doch haben viele dazu beigetragen, diese Gabe auch ans Licht zu bringen. Mit meinem zweiten Buch möchte ich deshalb all den besonderen Menschen danken, die mich mein Handwerk gelehrt haben und die mich zu der Köchin gemacht haben, die ich heute bin.

Mein Bruder Toni und mein Papa haben mich auf den Weg gebracht und in der Ausbildung dafür gesorgt, dass ich mit viel Biss und Spaß bei der Sache bin. Bei Felix Hardegger habe ich gelernt, auch in großen Portionen zu denken und auch für über 200 Hotelgäste wirklich schmackhaft zu kochen.

Hermann Bareiss, für mich der Gastronom schlechthin, und Manfred Schwarz haben meine Sinne für die Sterneküche geöffnet, durch Dieter Müller und Ingo Holland sind meine Desserts zu den süßen Sachen des Lebens geworden, und Heinz Winkler im Tantris hat mich durch seine Gradlinigkeit und sein umfangreiches Verständnis der vitalen Küche gelehrt, die feinen Geschmacksnuancen miteinander zu verbinden. Anspornend und geduldig hat mich danach Erik Pratsch an die Meisterprüfung herangeführt.

Insbesondere Hans Haas hat meinen Weg durch seine Perfektion und seine Menschlichkeit geprägt. Sein großes Geschenk an mich ist die Erkenntnis, dass wir alle nur in Freundschaft und mit Zusammenhalt weit kommen – der Teamgeist trägt uns alle! So bilde ich inzwischen selber aus und schicke viele junge Menschen an den Start.

Nach der Zeit der Wanderjahre und des Lernens bin ich heute glücklich, angekommen zu sein auf dem Schlossanger und hier Familie und Arbeit miteinander verbinden zu können. Das Schönste ist, dass ich all dies mit meinem Mann teilen kann und in ihm jemanden gefunden habe, der mich in allem unterstützt. Die Herausforderung, jeden Tag nicht nur gut, sondern exzellent zu sein, treibt mich an und gibt mir Kraft. Der Kochberuf ist hart, anstrengend, fordernd – und doch würde ich den Weg jederzeit noch einmal gehen, denn für mich ist es der schönste Beruf der Welt.

Ihre

Barbara Schlachter-Ebert

Auf der Alp

Wenn das letzte Weiß im Mai weggetaut ist, bricht in ihrer ganzen Fülle und fast übergangslos die Sommerfrische los. Sommer. Frische.

So ein Sommer im Gebirge ist mit keinem anderen zu vergleichen. Es ist, als schickte die Sonne die Hitze ins Tal, um sich für die Höhen alles Lichte, Klare zu bewahren. Nachts bringt die Brise von den Gipfeln einen tiefen, festen Schlaf, morgens weckt sie und beflügelt. Frisch macht sie sich in Herz und Lunge breit und geht als Bergwaldrauschen tief ins Ohr. Die Haut ist warm und sacht umweht, und im Kopf – herrscht Alpfrieden.

Schon beim Packen fängt die Urlaubsstimmung an, leichte Taschen, gute Laune, mehr braucht es nicht, um von der Hitze lauter Städte wie in alten Zeiten auf die Alp zu ziehen und sich zu erholen. Hier, auf dem Schlossanger, wo Ahnherr und Senn Alfred Gött einst im Sommer Emmentaler Käse machte und im Fluss der Zeit das Erbe weitergab, lenkt heute die dritte Generation die Geschicke des 4 Sterne Superior Hotels, Urenkelin Barbara Schlachter-Ebert und ihr Mann Bernd. Im Jahr 1989 zogen die beiden auf den Berg, gründeten ihre Familie und lassen seitdem alle Gäste am herzlichen Miteinander teilhaben. Die Kinder Beatrice, Bettina und Bastian wachsen auf wie einst Muck und Barbara, in der Natur, in der Gaststube und in der Küche.

Dort hat Barbara Schlachter-Ebert die gewachsene Bodenständigkeit mit dem Konzentrat ihrer Sterne-küchen-Erfahrung überstäubt und den Schlossanger in wenigen Jahren zum Feinschmeckertreff gemacht. Ihre Kochkunst dürfen die Gäste im Restaurant und zuhause genießen, mit ihrer Kochbuch-Trilogie „Meine drei Allgäuer Jahreszeiten".

In dieser zweiten Jahreszeit, der Sommerfrische, blühen Sonnenschirme auf der Terrasse der Schloss-anger Alp, zupft ein Lüftchen an den Haaren und lehnt der Rucksack griffbereit am Stuhl. Groß und Klein freut sich auf einen ausgefüllten Tag beim Wandern, und die Köchin – wandert gerade in die Küche!

Die Wege ...

der Barbara Schlachter-Ebert

1. Schultag

In Davos

Mucks Kindersegen

Beim Wettbewerb

Zu Weihnachten

1964
Mitten in der Nacht kündigt sich die Geburt von Barbara Schlachter an. Mit dem Pferdewagen fährt die Familie auf tief verschneitem Weg hinunter zum Krankenhaus – und wartet vor der Tür kostenbewusst bis Mitternacht, bevor Barbara am 30. Januar 1964 das Licht der Welt erblicken darf

1965
Tollkühne Geschwister lassen Barbara im Kinderwagen die Alm hinunterrollen

1966
Endlich hat Barbara die Hosen an!

1970
Der 1. Schultag

1972
Eigensinn in schwarzen (!) Lackschuhen: mit Papa auf dem Weg zur Kommunion

1978
Beim Eisschnelllaufen ein 2. Platz, flott!

1979
Hurra, Schule fertig! Die Ausbildung zur Köchin beginnt – auf der Schlossanger Alp, wo sonst

1981
3. Platz im 2. Lehrjahr, beim Kochwettbewerb der Berufsschule Wörishofen

1982
1. Platz im 3. Lehrjahr, beim internationalen Fischwettbewerb

1982
Wintersaison im Belvedere, Davos, als Commis Entremetier und Commis Rôtissier

1983/84
Im Restaurant Bareiss, Mitteltal, als Demichef Pâtissier und als Abgesandte des Bareiss in den Schweizer Stuben in Wertheim-Bettingen, um die Pâtisserie bei Ingo Holland zu erlernen

1984
Zugvögel kehren zu Weihnachten heim

1986
Hart arbeiten und fröhlich feiern im Tantris, München, bei Sternekoch Heinz Winkler

1986/87
Hotelfachschule Heidelberg: die jüngste und beste Absoventin der Meisterprüfung ist Barbara

1988
Als Sous-Chefin im Brückenkeller, Frankfurt, mit Hans Haas, der 1991 das Tantris übernahm

1989
Heimkehr mit Bernd auf den Schlossanger: Die nächste Generation übernimmt!

Bastian

Im Bareiss

Meisterbrief

Auf dem Weg zum „Schachmeister"

Die Haas-Brigade 1988

Beatrice

Im Tantris

Schlossanger Alp 1989

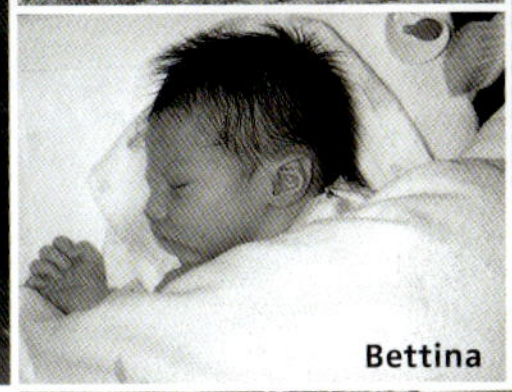
Bettina

1990
Für Barbara Schlachter und Bernd Ebert läuten die Hochzeitsglocken

Mai 1991
Pünktlich kommt das erste Kind: Beatrice

1992
3. Platz im Krombacher Team im Kochwettbewerb um das Gläserne Halstuch

Juli 1993
Das zweite Kind: Bettina

1994
13 Punkte im Feinschmecker-Führer Gault Millau

1995
Umbau des Haupthauses: 16 Zimmer werden schöner

August 1996
Das dritte Kind: Bastian

1997
Frischgebacken: Mitglied der Jeunes Restaurateurs d'Europe

1998
14 Punkte im Gault Millau

2000
Ein Bib Gourmant im Guide Michelin

2001
Der Berg Quell entsteht, die Schlossanger Alp wird zum Wellnesshotel

2004
15 Punkte im Gault Millau

2006
Das zweite „F" im Feinschmecker

2007
Der Kreis schließt sich: Die Kleine Alp entsteht an der Stelle der Ur-Alp und das erste eigene Kochbuch erscheint

Die Kleine Alp

In der Küche

Bevor sich morgens das erste Leben rührt und der Tag auf der Alp beginnt, streift Barbara Schlachter-Ebert ihre Schuhe über und – läuft. Auf den vertrauten Wegen ihrer Kindheit läuft sie durch die Gegenwart zu den Wurzeln ihres Seins, das Ein und Aus des Atems eine Erneuerung der Gedanken, ein stetes Aufnehmen und Loslassen, bis alle Sinne randvoll sind von Sommer und Frische.

Diese bewegte Klarheit und Fülle trägt sie dann hinein in ihre Küche und schöpft aus ihnen den unverwechselbaren Geschmack der Schlossanger Alp und eine Wahrnehmungskraft, die die Küche bis in alle Winkel ausfüllt und lenkt.

In der gleichen Geschwindigkeit wie die Ansagen breiten sich die Düfte in der Küche aus, als unsichtbarer Tanz weben sich die Schritte aller um die Kochinsel, jeder Posten ein Ganzes und doch Teil des Teams.

Teller halten Dämpfe in den Töpfen, ein Tropfen Wasser, gezielt ins heiße Öl getropft, zischt aufgelöst in die Luft und informiert über die korrekte Temperatur. Ein Blick aufs Fleisch löst das ganze Gericht aus, Fingerspitzen testen Konsistenzen, Spätzle fliegen in steiler Kurvenlage aus der Pfanne und kehren im Gegenschwung zurück, bevor sie auf dem Teller landen. Hoch konzentriert fügen sich ein Stich Butter, ein paar Tropfen Flüssigkeit, ein Schuss Sahne im Takt der Handreichungen zur Soße, zwischen einmal Ein- und Austauchen entnimmt der Kochlöffel das genau rechte Maß und schmiegt es um das Fleisch.

Scharfer Blick über roten Wangen sieht jeden Teller, jede Zutat, jede Schwankung. Das Auge tastet und erschmeckt, die Nase sucht und findet das Kraftzentrum des Gerichtes, der ganze Mensch verschmilzt mit seiner Kreation, jeder Nerv auf Aufnahme und Lernen eingestellt.

Diese Leidenschaft zur Vervollkommnung machen Barbara Schlachter-Ebert zur einem der „Jeunes Restaurateurs d'Europe", jener noblen Vereinigung von Köchen, die sich durch erfolgreiche Selbständigkeit, stetige Weiterbildung und das Lob der Restaurantführer auszeichnen. Auf solchem Boden wächst Genuss und bleibt.

Bergkäse-Olivenbällchen

mit Tomatendip

Bergkäse-Olivenbällchen

150 g Butter
200 g Bergkäse, gerieben
200 g Mehl
Salz, Cayennepfeffer
ca. 30 schwarze oder grüne Oliven, entsteint

Tomatendip

10 g Zwiebelwürfelchen
1 EL Olivenöl
3 Tomaten
1 EL Zucker
Salz, Cayennepfeffer
1/2 EL Tomatenmark
150 ml Gemüsebrühe

Garnitur

Basilikum

Zubereitung

Das gesiebte Mehl auf der Arbeitsplatte zu einer Mulde formen. Den Bergkäse und die Gewürze dazugeben und die Butter in Würfel geschnitten von der Mitte aus damit verkneten, danach kalt stellen.

Anschließend den Teig zu Bällchen formen und in jede Mitte eine Olive stecken und dann zu schönen Kugeln drehen. Auf ein Backblech setzen und bei 170 °C etwa 20–25 Minuten im Ofen goldgelb backen.

Für die Soße die Zwiebelwürfelchen in Olivenöl glasig dünsten. Tomaten klein schneiden und mit dem Zucker zu den Zwiebeln geben. Nach Geschmack mit Salz und Cayennepfeffer würzen. Tomatenmark hinzugeben und alles mit Brühe ablöschen und aufkochen lassen. Anschließend mit dem Mixstab pürieren und durch ein Sieb streichen.

Anrichten

Soße auf Teller platzieren, die lauwarmen Bällchen draufsetzen und mit Basilikumstreifen garnieren.

Lauwarm servieren.

TIPP

Das Rezept eignet sich als kleine Begrüßung für Gäste und schmeckt lauwarm am besten.

Anstelle des Bergkäses lässt sich auch Parmesan verwenden.

Alle meine Rezepte koche ich mit Meersalz, man braucht weniger und es enthält 84 verschiedene Mineralstoffe und Spurenelemente.

Für kleine Häppchen liebe ich die Vorspeisenschälchen von Rosenthal.

Grießsalat auf Tomatenscheiben

mit Minzjoghurt

Grießsalat

50 g Zwiebelwürfelchen
100 g Hartweizengrieß, grob
300 ml Gemüsebrühe
50 g rote Paprika
weißer Balsamico-Essig
Salz, Pfeffer
Raz el Hannout, Currypulver
1 Limone
glatte Petersilie

Minzjoghurt

200 g Joghurt
2 Tropfen Minzöl
Salz, Pfeffer, Zucker
6 Minzeblättchen

Tomatenscheiben

3 Tomaten
Olivenöl, Salz, Pfeffer

Zubereitung

Die Zwiebelwürfelchen in Öl andünsten. Den Hartweizengrieß dazugeben, leicht anrösten und anschließend mit der Brühe ablöschen. Leicht köcheln lassen.

Limone heiß abwaschen und Schale abreiben, dann filetieren und Fruchtfleisch klein schneiden. Zu dem gequollenen Grieß geben und mit Salz, Pfeffer, Raz el Hannout, weißem Balsamico und Curry abschmecken.

Paprika in kleine Würfelchen schneiden, hinzugeben und durchmischen. Aus der Masse Nocken formen und vor dem Anrichten mit glatter Petersilie überstreuen.

Die Minzeblättchen in Streifen schneiden und mit den übrigen Zutaten für den Minzjoghurt glatt rühren.

Die Tomaten waschen und in Scheiben schneiden, mit Salz, Pfeffer und Olivenöl marinieren.

Anrichten

Eine Grießnocke auf die Tomatenscheiben setzen und mit Minzjoghurt nappieren.

TIPP

Der Minzjoghurt schmeckt sehr erfrischend und ist ideal für heiße Sommertage.

Raz el Hannout lässt sich durch etwas Kreuzkümmel, Kardamom und Anis ersetzen, statt Minze geht auch frischer Koriander.

Die Nocken formen sich am leichtesten mit 2 nassen Teelöffeln.

Zucchinichips
mit Lachstartar

Zucchinichips
1 Zucchini
(ca. 4 cm Durchmesser)
Pflanzenöl

Lachstartar
120 g Lachsfilet
Saft von 1/2 Zitrone
1 EL Olivenöl
Salz
Koriandersamen, gemahlen

Soße
100 g Crème fraîche
Salz, weißer Pfeffer, Zucker
1 EL Olivenöl
1/2 TL Senf
1/2 TL Honig
1 TL Pernod
Zitronensaft

Zubereitung
Die Zucchini in 2 mm dünne Scheiben schneiden. Diese in auf 180 °C erhitztem Öl in der Friteuse oder in einem Topf schwimmend knusprig frittieren. Mit einem Schaumlöffel herausheben, auf Küchenkrepp abtropfen lassen und leicht salzen.

Das Lachsfilet ohne Haut sehr fein würfeln. In eine Schüssel geben und mit Salz und Koriander aus der Mühle abschmecken. Das Olivenöl zugeben und zum Schluss den Zitronensaft darüber geben, da sonst der Lachs weiß wird.

Crème fraîche in eine Schüssel geben und mit Olivenöl glatt rühren. Salz, Pfeffer, Zucker, Zitronensaft, Honig und den mittelscharfen Senf unterrühren. Zum Schluss mit Pernod abschmecken.

Anrichten
Soße auf den Tellern verteilen. Dann je 3 Zucchinichips und Lachstartar abwechselnd zu einem Türmchen schichten und senkrecht auf die Soße setzen. Mit Dill und Lachskaviar garnieren.

TIPP

Die filigrane Optik verführt zum Zugreifen, ein echter Appetitanreger.

Pernod lässt sich auch durch Pastis oder anderen Anisschnaps ersetzen.

Achtung, wenn das Fett raucht, ist es zu heiß! Für einen zuverlässigen Temperaturtest ein Holzstäbchen in das Fett halten: Wenn sich kleine Perlen um das Stäbchen bilden, ist die Hitze ideal zum Frittieren.

Kalte Sauerrahm-Gurkensuppe

mit Majoran-Landbrot

Suppe

600 g Sauerrahm
400 g Gurke
1 EL Balsamico-Essig
Salz, Pfeffer
4 g Brühwürze
5 g Dill, frisch
5 g Majoran, frisch
2 EL Sonnenblumenöl

Kräuterbutter

100 g Butter
20 g Majoran, frisch
Salz, Pfeffer
1 Eigelb
1 Landbrot (500 g) vom Bäcker

Garnitur

1 TL Tomatenwürfelchen
Majoran

Zubereitung

Den Sauerrahm in eine Schüssel geben. Die Gurke gründlich abwaschen und mit Schale auf einer Reibe klein hobeln und die Gewürze, Öl und Kräuter zugeben, dabei etwas für die Garnitur zurückhalten. Alles im Mixer pürieren, 1 Stunde kalt stellen und anschließend durch ein Sieb passieren.

Butter schaumig schlagen, die Gewürze, den klein geschnittenen Majoran und das Eigelb zugeben und weiter schlagen.

Die Kräuterbutter auf 8 Scheiben Landbrot streichen und im Backofen bei 200 °C Oberhitze übergrillen, bis die Scheiben goldgelb sind.

Anrichten

Dünne Gurkenscheiben innen an ein kaltes Glas drücken, dann die Suppe einfüllen und mit Majoran garnieren. Die warmen Landbrotscheiben mit Tomatenwürfelchen und etwas Majoran überstreuen und zur kalten Suppe reichen.

TIPP

Das Eigelb lässt die Butter auf dem Brot zu einer schönen Kruste werden.

Der Majoran lässt sich auch schmackhaft durch Kerbel, Basilikum oder Schnittlauch ersetzen.

Tomatencremesuppe

mit Gin

Zutaten

30 ml Olivenöl
200 g Zwiebelscheiben
1 kg reife Tomaten
60 g Tomatenmark
1 Dose geschälte Tomaten, ungewürzt (850 g)
2 Wacholderbeeren, angedrückt
Salz, Zucker, Pfeffer
200 ml flüssige Sahne
60 ml geschlagene Sahne
2 cl Gin
4 Basilikumblätter
40 g Brotwürfelchen (siehe Grundrezept Buch 1)

Zubereitung

Olivenöl im Topf erhitzen und die Zwiebelscheiben glasig dünsten. Die Tomaten vierteln und zugeben, mit Salz, Pfeffer, Wacholderbeeren und Zucker würzen und breiig einkochen lassen. Die Zuckermenge ist bei Wintertomaten höher als bei Sommertomaten. Nun das Tomatenmark und die Dose geschälte Tomaten mitsamt Saft zugeben und kurz aufkochen. Mit dem Stabmixer pürieren, durch ein grobes Sieb streichen und solange durchpassieren, bis wirklich alle Flüssigkeit und vor allem auch das Fruchtfleisch hindurchgegangen sind. Mit flüssiger Sahne und Gin verfeinern.

Anrichten

Die Suppe in vorgewärmte Tassen füllen und mit Schlagsahne, Brotwürfelchen und Basilikumblättern garnieren.

TIPP

Als Suppeneinlage eine Tomate kurz blanchieren und schälen, vom Kerngehäuse befreien und die Tomatenschiffchen in Würfel schneiden. Dann in die Suppe geben. Ebenfalls eine leckere Einlage sind in Zitronensaft marinierte Krabben.

Diese Suppe wird im Handumdrehen zur Soße: Einfach etwas kräftiger abschmecken, die Sahne weglassen und etwas Olivenöl unterrühren. Passt optimal zu Pasta!

Die Flotte Lotte von Oma eignet sich am besten für das Durchstreichen der Suppe, dann bleiben wirklich nur ein paar Kerne und Schalen übrig und das für die Bindung und den Geschmack wichtige Fruchtfleisch bleibt nicht im Sieb hängen, sondern kommt auch wirklich in die Suppe!

In der Schlossanger Alp

In der Schlossanger Alp

Der Weg vom Reisenden zum Gast ist denkbar kurz: Reifen knirschen über Kies und rollen aus, Wagentüren öffnen sich und schließen satt, angekommen und sogleich in Empfang genommen von den fröhlichen Gesichtern, die ein Stück Zuhause sind.

Der Sommer ist schon da, der Tag lebt in den Tönen zwischen Blau und Grün. In der Kühle des Wintergartens oder der Wärme der Terrasse wird jeder gern zum Müßiggänger und sinniert hinaus auf lange Gräser und leises Kuhglockengeläut. Auf den Tischen sprühen Reflexe von polierten Gläsern, Bergwind verfängt sich in gestärkten Stoffen und erzählt von Blumen, Honigduft und Tannennadeln. Ein leichtes Mahl krönt später dampfender Kaffee zu hausgemachtem Kuchen. Ein Schlossanger Nachmittag zum Muße tun.

Auch mit Arbeit im Gepäck ist die Ruhe leicht zu finden, durch alle Fenster schaut Natur. Der Konferenzraum verwandelt Sommergewitter in Geistesblitze, ordnet die Idee zur Struktur und bringt kreativen Köpfen mit einem Schritt durch die Flügeltüren Weitblick und Gedankenpause. Im Kaminzimmer stehen Sofas und Tischchen einladend in dunklem Rot, schräg einfallende Sonnenstrahlen färben den offenen Dachstuhl aus alten Hölzern, und eine leichte, harzige Note liegt in der Luft. Die letzten Tagesgeräusche lösen sich auf, stille Weite füllt den Raum und erwacht abends zum Rascheln von Buchseiten, Klirren von Eis in Cocktailgläsern und Gesprächen am offenen Kaminfeuer.

Von der Küche her wecken Düfte den Appetit, die Lockspur führt ins Restaurant. Vor den Fenstern inszeniert der Sonnenuntergang sich selbst, drinnen dichtet die Köchin Allgäuer Mundart in die Töpfe und auf die Teller, der Hausherr Bernd Ebert holt dazu die guten Tropfen aus dem Gewölbekeller. Und wenn die Sinne dann satt sind und eine müde Schwere Einzug hält, ist es Zeit für weiche Betten. Eine Treppe wendelt sich hoch und lenkt die Gäste Richtung Nacht, ein letzter Blick auf Sterne über dem Balkon, der Traum beginnt schon vor dem tiefen Schlaf.

Pfifferlinge in Portweingelee

mit gebratenen Wachtelbrüstchen

Pfifferlinge in Portweingelee

50 g Schalottenwürfelchen
300 g Pfifferlinge
3 Blatt Gelatine
100 ml Gemüsebrühe
Salz, Pfeffer
Thymian, frisch
Rosmarin, frisch
1 EL Sherryessig
2 cl roter Portwein

Sellerieschеiben

200 g Knollensellerie
3 EL weißer Balsamico-Essig
1 Lorbeerblatt
2 Wacholderbeeren
Salz, Pfefferkörner, Pfeffer
Zucker

Sellerie-Vinaigrette

200 ml Sellerie-Sud
1 EL weißer Balsamico-Essig
3 EL Walnussöl
Salz, Pfeffer, Zucker

Zubereitung

Eine Terrinenform mit Klarsichtfolie auslegen.

Die Pfifferlinge putzen und waschen. In einer Pfanne die Schalottenwürfel glasig dünsten, dann die Pfifferlinge zugeben.

Die Brühe mit dem Sherryessig, Salz und Pfeffer zum Kochen bringen, einen Teil über die Pfifferlinge gießen. Den anderen Teil mit der in kaltem Wasser eingeweichten Gelatine vermischen, dann ebenfalls zu den Pfifferlingen geben. Kräuter unterrühren, bei leichter Hitze weiterziehen lassen. Zum Schluss den Portwein zufügen und sofort von der Herdplatte ziehen.

Das Ganze etwas abkühlen lassen und in zwei Etappen in die Terrinenform gießen, zwischendurch im Kühlschrank erkalten lassen, damit das Gelee anzieht. Die Terrine anschließend abgedeckt für etwa 3 Stunden im Kühlschrank ruhen lassen.

Knollensellerie schälen und in etwa 5 mm dicke Scheiben schneiden. Die Sellerieschеiben kann man mit einem Ausstecher ausstechen. Einen 1/2 Liter Wasser mit 1 EL Balsamico-Essig, Salz, Pfefferkörnern, Lorbeerblatt und Wacholderbeeren zum Kochen bringen, dann die Sellerieschеiben in diesen Sud hineingeben, weich kochen, herausnehmen und in die Vinaigrette legen.

Wachtelbrüstchen

10 g Butterschmalz
4 Wachtelbrüstchen
Salz, Pfeffer
2 cl roter Portwein

Spinat

150 g junge Spinatblätter

Garnitur

20 g Pinienkerne, geröstet

Zubereitung

Für die Vinaigrette den Sud mit den Zutaten mischen und 2–3 EL für den Spinat beiseite stellen. Den Rest über die Selleriescheiben geben und diese etwa 2 Stunden mit Klarsichtfolie abgedeckt in der Marinade ziehen lassen.

Die Wachtelbrüstchen würzen, in Butterschmalz anbraten und 5 Minuten warm stellen. Den Bratansatz mit 2 cl Portwein ablöschen, leicht einkochen und über die Brüstchen gießen.

Spinatblätter waschen und trocken schleudern. Kurz vor dem Anrichten mit 2–3 EL der Sellerie-Vinaigrette marinieren.

Anrichten

Die Pinienkerne in einer Pfanne trocken anrösten. Die Selleriescheiben auf kalten Tellern in einen Kranz legen, die Pfifferlingsterrine und den Spinat in die Mitte geben und mit den Pinienkernen garnieren. Die gebratene Wachtelbrust schräg aufschneiden, auf die Selleriescheiben anlegen und mit der Portweinsoße leicht nappieren.

TIPP

Die Sellerieschеiben können schon 1 Tag vorher mariniert werden.

Wachtelbrüstchen lassen sich auch durch Rehfilet oder Perlhuhnbrust ersetzen.

Die Pinienkerne oder Sesam ohne Fett in der Pfanne trocken rösten, da sie sonst beim Garnieren kleben. So bleiben sie streufähig.

Die Wege …

in der Küche

Die drei Chefs vom Brückenkel

Beim Holunderzupfen

Beim Wettbewerb

Trüffelputzen im Bareis

Mit Freundin
Christine in Davos

1. Lehrjahr

Zum Osterbuffet

Mit Heinz Winkler am Garde Manger

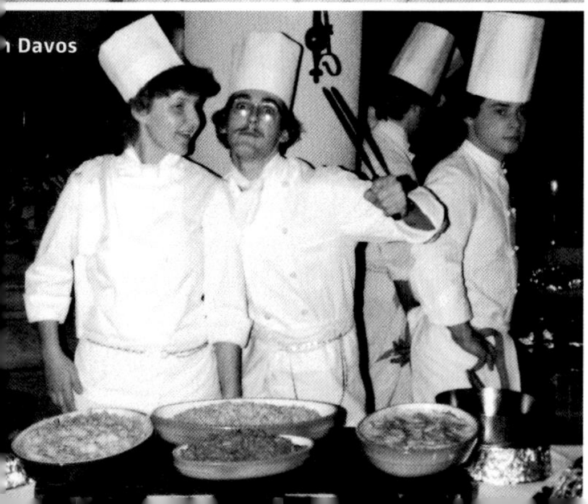

n Davos

Tellersülze mit Lachs,

Waller und grünem Spargel

Gelee

100 ml Spargelfond
100 ml Weißwein
100 ml Wasser
30 ml Pernod
30 ml Vermouth (Noilly Prat)
20 g Zwiebelscheiben
20 g Lauchstreifen
20 g Dill
Saft von 1/2 Zitrone
Salz, Pfeffer
4 Blatt Gelatine

Einlage für die Tellersülze

250 g grüner Spargel
200 g Waller
200 g Lachsfilet
50 g Karotte
50 g Sellerie
Zucker, Salz, Zitronensaft
Butter

Kartoffelwürfelchen

(siehe Grundrezept)

Zubereitung

Die Gelatine in kaltem Wasser einweichen, beiseite stellen. Alle anderen Zutaten für das Gelee zusammen aufkochen, 5 Minuten ziehen lassen und im Anschluss passieren. Danach die eingeweichte Gelatine in den nicht mehr kochenden Sud gegeben und verrühren.

Den Spargel schälen und in Wasser, gewürzt mit Zucker, Salz, Zitrone und einem Stück Butter, weich kochen. In Eiswasser abschrecken und in etwa 2 cm große Stücke schneiden.

Karotte und Sellerie in Würfelchen schneiden, in Salzwasser blanchieren und dann kalt abschrecken.

Waller und Lachsfilet in Streifen von 2 cm Länge und 5 mm Breite schneiden, beiseite stellen.

4 tiefe Teller herrichten, den Spargel mit den rohen Fischstückchen im Teller anrichten, die Gemüsewürfelchen darüber streuen und mit dem heißen Fond angießen, wobei der Fisch angegart wird. Anschließend kalt stellen.

TIPP

Ein Abendessen mit meinem Papa und die gemeinsam genossene Tellersülze mit Schweinebauch schenkten mir die Idee zu diesem neuen Fischgang.

Durch die schräge Lage des Rosenthal-Tellers und das Schüsselchen, das sich in die kleine Mulde schmiegt, lässt sich dieses Gericht perfekt anrichten.

Marinierter Kabeljau auf Kapernsoße

mit Karotten-Sellerie-Mousse

Karotten-Mousse

10 g Butterschmalz
25 g Zwiebelwürfelchen
150 g Karotten
150 ml flüssige Sahne
150 ml Fleischbrühe
Salz, Pfeffer
4 Blatt Gelatine

Sellerie-Mousse

10 g Butterschmalz
25 g Zwiebelwürfelchen
150 g Selleriewurzeln
150 ml flüssige Sahne
150 ml Fleischbrühe
Salz, Pfeffer, Muskat
4 Blatt Gelatine

Kapernsoße

1 Eigelb
1/2 TL Senf
1/2 TL Zitronensaft
1/2 EL Kapernsaft
200 ml Pflanzenöl
Salz, Pfeffer
1 EL Kapern, gehackt
1 TL Dill, gehackt

für 10 Personen

Zubereitung

Karotten schälen, in 5 mm dünne Scheiben schneiden. Butterschmalz im Topf schmelzen, Zwiebeln zugeben und glasig dünsten. Karotten zugeben, weiter dünsten. Mit Brühe und Sahne ablöschen und ganz weich kochen. Dann mixen und durch ein Sieb streichen, mit Salz und Pfeffer abschmecken. Die in kaltem Wasser eingeweichte Gelatine hinzugeben und kalt rühren.

Sellerie-Mousse zubereiten wie Karotten-Mousse.

Abschließend Karotten-Mousse und Sellerie-Mousse abwechselnd in eine mit Frischhaltefolie ausgelegte dreieckige Form schichten. Zwischen den einzelnen Schichten je 10 Minuten in den Kühlschrank stellen, damit die Gelatine anzieht und die Farbschichten getrennt bleiben. Anschließen kalt stellen.

Für die Kapernsoße Eigelb, Senf, Zitronen- und Kapernsaft vermengen. Dann das Pflanzenöl im feinen Strahl zu der Ei-Mischung geben, mit Salz und Pfeffer abschmecken. Zum Schluss gehackte Kapern und Dill untermischen.

Marinierter Kabeljau

320 g Kabeljau
(in 80 g - Portionen)
50 g Zwiebelringe
je 1/4 l Weißwein
und Wasser
2 Lorbeerblätter
2 Pfefferkörner
25 g Dill, klein geschnitten
4 Wacholderbeeren
2 Pimentkörner
1 Thymianzweig
1 Rosmarinzweig
1 Sternanis
1/2 EL Essigessenz
Salz, Pfeffer

Tomatensalat mit Vinaigrette

8 Kirschtomaten, in Scheiben
2 EL Weißwein
2 EL weißer Balsamico-Essig
2 EL Zitronensaft
1 EL Limonensaft
Salz, Pfeffer, Zucker
je 2 EL Pflanzenöl und
Olivenöl
1 EL Zitronenöl
etwas Petersilie

Garnitur

Dillzweige

Zubereitung

Für die Marinade alle Zutaten, bis auf den Fisch, aufkochen. Dann durch ein Sieb über den geputzten und portionierten Fisch gießen. Abgedeckt abkühlen lassen, die Hitze des Fonds reicht für das Garen des Fisches.

Für die Vinaigrette alle Zutaten, bis auf die verschiedenen Öle, miteinander verrühren. Diese erst zugeben, wenn sich die Gewürze und das Salz aufgelöst haben.

Die Tomaten erst kurz vor dem Servieren mit der Vinaigrette marinieren. Beim Anrichten noch die Petersilie zugeben.

Anrichten

Die Karotten-Sellerie-Mousse stürzen und die Folie abziehen, mit einem in heißes Wasser getauchten Messer in Scheiben schneiden und auf das obere Drittel des Tellers setzen. Den Tomatensalat auf dem Teller daneben platzieren, einen Klecks Kapernsoße auf den Teller geben, den Kabeljau aus dem Fond nehmen, auf Küchenkrepp abtropfen lassen und auf die Soße setzen. Mit frischem Dillzweig garnieren.

TIPP

Die Karotten-Sellerie-Mousse am besten schon einen Tag vorher zubereiten.

Die Kapernsoße nach Geschmack mit 2 EL Sauerrahm verfeinern, schmeckt noch leichter und frischer.

Die Wege …

zum Kochen

Ein einziger Pfiff des Papas holte Barbara ganz selbstverständlich aus der ungebändigten Freiheit der Alp in die Küche – zum Spülen, Karotten schälen und Kuchen backen. Ein Reh ausziehen, den Salatposten eigenständig machen, das zählte zu den Errungenschaften ihrer ersten 14 Lebensjahre! Außerhalb der Küche war die unberührte Natur ihr Spielplatz und ihr Lehrmeister. Den Sinn für Farben, Formen, für die feinen Zwischentöne holte sie sich da, überlegte kurz, ob sie das schöpferische Handwerk der Goldschmiedin erlernen sollte, um sich dann überzeugt für den Beruf der Köchin zu entscheiden.

In den anschließenden Lehrjahren mit dem Vater und dem Bruder an der Seite saugte sie wie ein Schwamm die handwerklichen Grundlagen auf und entwickelte gleichzeitig einen Blick für vieles, das leichter oder besser gehen könnte. Mit dem Aufbruch in die Wanderjahre suchte sie ihr Maß und fand es in der Sterneküche. Die große menschliche Herausforderung der Top-Küche, das ständige Leben mit Kritik, erkannte sie als Chance, kreativ voranzukommen und setzte sich als einziges Mädchen durch – mit Leistung!

Das Bareiss und sein starkes Team war ihr Katapult in die Welt der schönen Produkte und einer gemeinsamen Anstrengung zur Exzellenz. Die Akribie des Heinz Winkler im Tantris lehrte sie die Kraft des Zweifels und den Mut, immer wieder von vorne anzufangen. Und in Hans Haas schließlich fand sie einen Chef mit einer ihr verwandten Denkweise und einer reibungsfreien Ruhe in der Küche, die sie auch selbst ausstrahlt – ihre Energie braucht sie zum Kochen.

Dabei nicht nur die besten Teile zu verwenden, sondern auch aus Randprodukten etwas schmackhaftes zu machen, dazu fordert sie ihr tiefes Verständnis für den Wert eines lebendigen Produktes heraus. Abgezupfte Kräuterstiele würzen mit ihren kräftigen Aromen die wertvollen Soßenfonds, kleine Wildentenkeulen wandeln sich zum Wildentenconfit, das als Gruß aus der Küche oftmals auf allen Tischen der Schlossanger Alp zu finden ist – als feiner Auftakt für ein delikates Mahl.

Barbara und Toni Schlachter gemeinsam in der Schlossanger Küche

Krombacher Team 1992

Die Meisterklasse der Hotelfachschule 1986/7

Garnelen in Brickteig gebacken

auf Safransoße

Garnelen

8 Garnelen
4 Brickteigblätter
Saft von 1 Zitrone
1/2 Knoblauchzehe
2 EL Kartoffelpüree
(siehe Grundrezept)
1 Eigelb
20 g Butter
100 g Fenchel
Dill

Safransoße

50 g Zwiebelwürfelchen
1 EL Olivenöl
50 ml Weißwein
100 ml Fischfond
100 g Sahne
0,1 g Safranfäden
(1 Briefchen)
50 g kalte Butter
Salz, Zitronensaft

Zubereitung

Vier der Garnelen schälen und mit Zitrone und Knoblauch würzen. Die Brickteigblätter mit etwas Eigelb bestreichen. Das restliche Eigelb mit dem Kartoffelpüree verrühren und damit die Garnelen leicht einstreichen, dann in den Brickteig einschlagen. In einer ofenfesten Pfanne anbraten. Bei 180 °C etwa 5 Minuten in den Ofen schieben. Die restlichen 4 Garnelen, halb geschält und gespalten, würzen und anbraten.

Den Fenchel in Streifen schneiden, anschließend in Salzwasser blanchieren und kurz vor dem Anrichten in Butter anbraten.

Für die Soße die Zwiebeln in Olivenöl anschwitzen und mit Weißwein ablöschen. Auf die Hälfte reduzieren lassen und dann den Fischfond und die Sahne hinzufügen. Das Ganze aufkochen lassen und im Anschluss passieren. Nun den Safran unterrühren und 10 Minuten stehen lassen. Mit Butterflocken aufmixen und mit Salz und Zitrone abschmecken.

Anrichten

Das Brickteig-Päckchen zusammen mit einer gebratenen Garnele auf dem Fenchel anrichten. Mit Safransoße nappieren und mit Dill garnieren.

TIPP Die Brickteigblätter lassen sich durch Strudelteig ersetzen. Anstelle von Fenchel schmeckt auch Lauch oder Spinat.

Die Safransoße schmeckt zu vielen Fischgerichten!

Gebratener Zander auf Wirsingfleckerl

mit Korianderbutter

Zutaten

1 kg Zander
Butterschmalz
Zitrone, Salz, Dunst

Wirsingfleckerl

1 Wirsing
50 g frischer Koriander, grob geschnitten
Pfeffer, Salz
etwas Butter
100 g Speckwürfelchen

Korianderbutter

200 ml trockenen Weißwein
100 ml Fischfond
10 g Koriandersamen
1 EL Korianderblätter, gehackt
100 g Butter
Salz, Zitronensaft

Garnitur

Korianderblätter
Kartoffelstroh

Zubereitung

Den Zander schuppen, filetieren und in 8 gleich große Stücke schneiden. Die Haut rautenförmig einschneiden, vor dem Braten mit Salz und Zitronensaft würzen, die Hautseite im Dunst leicht mehlieren. In der Pfanne mit etwas Butterschmalz zuerst auf der Filetseite, dann auf der Hautseite anbraten.

Den Wirsing in Rauten schneiden, in Salzwasser blanchieren und in Eiswasser abschrecken. Mit Butter ansautieren und mit Salz, Pfeffer und frischem Koriander würzen. In einer separaten Pfanne den fein gewürfelten Speck ausbraten lassen.

Weißwein, Fischfond und im Mörser angestoßenen Koriander aufkochen, auf ein Viertel reduzieren lassen. Im Anschluss mit den eiskalten Butterwürfeln aufmontieren. Leicht salzen und mit Zitronensaft abschmecken. Den grob geschnittenen Koriander zugeben und nicht mehr kochen lassen.

Anrichten

Für das Kartoffelstroh eine Kartoffel in feine Streifen schneiden und kurz frittieren, auf Küchenkrepp abtropfen lassen und ganz leicht salzen. Den Wirsing in der Mitte des Tellers platzieren. Den Zander mit der Hautseite nach oben auflegen. Mit der Korianderbutter nappieren und mit dem Speck bestreuen. Mit Korianderblättern und Kartoffelstroh garnieren.

TIPP Als Sättigungsbeilage empfehlen wir Salzkartoffeln oder Schwenkkartoffeln, die leicht in Butterschmalz angebraten und mit gehackter Petersilie oder gehacktem Koriander bestreut sind.

Maultaschen von der Renke

mit gebratener Renke auf mariniertem Staudensellerie

Farce

200 g Renkenfiletabschnitte
100 ml flüssige Sahne
1 Eiweiß, 5 g Salz
1 Prise Cayennepfeffer
1 cl Pernod
1 Spritzer Zitronensaft
1 EL feine Paprikawürfelchen

Maultaschen

(siehe Grundrezepte)

Gebratene Renke

8 Renkenfilet-Stücke
à ca. 40 g
1 EL Butterschmalz
Salz, Zitrone
3 EL griffiges Mehl (Dunst)

Staudensellerie

500 g Staudensellerie
1/2 rote Paprika, gewürfelt
Salz, Pfeffer, Sternanis
2 cl Pernod, 50 ml Weißwein
2 EL Olivenöl

Garnitur

Petersilie
getrocknete Chilifäden

Zubereitung

Für die Farce die Filetabschnitte für 15 Minuten ins Gefrierfach geben, dann mixen. In einer zweiten Schüssel Sahne und Eiweiß vermengen, nach und nach zum Fisch dazugeben und alles im Mixer sehr fein pürieren. Mit Salz, Cayennepfeffer, Pernod und Zitronensaft abschmecken. Durch ein Sieb streichen und am Ende mit den Paprikawürfelchen verfeinern.

Sobald die Maultaschen ins Wasser kommen, die Renkenfilets mit Zitrone und Salz würzen. Die Hautseite in Mehl wenden und in Butterschmalz anbraten. Auf Küchenpapier überschüssiges Fett abtropfen lassen.

Paprika schälen, in kleine Würfel schneiden und beiseite stellen. Den Staudensellerie vom Strunk befreien. Die Stängel schälen und in 5 mm große Stücke schneiden. Den Sellerie in Salz, Pfeffer, Sternanis, Pernod und Weißwein marinieren und eine Stunde ruhen lassen, dann in Olivenöl kurz ansautieren. Zum Schluss die Paprikawürfel zugeben.

Anrichten

Den Staudensellerie auf vorgewärmte Teller mittig anrichten. Die Maultasche darauf platzieren und die gebratene Renke anlegen. Mit der braunen Butter nappieren, zum Schluss mit glatter Petersilie und getrockneten Chilifäden garnieren.

TIPP

Für das Gelingen einer Farce sind sehr kalte Zutaten ein Muss, denn durch die Reibungswärme beim Mixen könnte sonst ein Gerinnen des Eiweißes verursacht werden.

Anstelle der Renke schmeckt auch Forelle oder Lachsforelle.

Lachsforelle im Blätterteig

auf Holunderblütensoße

Farce

200 g Lachsforellenfilet
1 Eiweiß
100 ml Sahne
1 Spritzer Zitronensaft
Salz, Cayennepfeffer

Gemüsebeilage

400 g Kohlrabi, geschält
Salz

Lachsforelle im Blätterteig

600 g Lachsforelle, in 2 Teile geschnitten
1 Paket Blätterteig, tiefgekühlt
1 Eigelb
100 g Blattspinat

Zubereitung

Für die Farce Lachsforellenfilet klein schneiden, für 15 Minuten ins Gefrierfach geben, dann mixen. In einer zweiten Schüssel Sahne und Eiweiß verrühren, nach und nach zum Fisch dazugeben und alles im Mixer sehr fein pürieren. Mit Salz, Cayennepfeffer und einem Spritzer Zitronensaft abschmecken. Anschließend durch ein Sieb streichen.

Die Kohlrabi in Stifte schneiden oder mit der Gemüse-Nudelmaschine Nudeln abdrehen. Im Salzwasser blanchieren, abschrecken und bis zum Anrichten beiseite stellen.

Für die Lachsforelle den Blattspinat blanchieren und auf einem Tuch zwei Spinatmatten auslegen. Den Blätterteig zweimal auf 20 x 30 cm ausrollen, dass der Fisch gut darin eingeschlagen werden kann, die Ränder mit verrührtem Eigelb einpinseln. Die beiden Stücke Lachsforelle mit der Farce bestreichen, in je eine Spinatmatte einschlagen, nochmals mit Farce bestreichen und in den Blätterteig einschlagen, oben mit Eigelb bestreichen. Im Ofen bei 180 °C für etwa 25 bis 30 Minuten backen, danach 5 Minuten ruhen lassen.

Soße

200 g Zwiebelwürfelchen
30 g Dillstiele
3 Champignons
50 g Petersilienstiele
200 g Fischkarkasse
100 ml Weißwein
100 ml Wasser
50 ml Vermouth (Noilly Prat)
200 ml Sahne
40 ml Holunderblütensirup
1 Spritzer Zitronensaft

Garnitur

Estragon

Zubereitung

Für die Soße die Zwiebelwürfelchen in einem Topf glasieren. Dill, Champignons, Petersilie und Fischkarkasse hinzugeben. Mit Weißwein ablöschen. Wasser und Noilly Prat hinzufügen. Alles zusammen köcheln lassen, bis der Sud auf die Hälfte reduziert ist. Sahne zugeben, aufkochen lassen und vor dem Servieren abpassieren. Mit dem Mixer aufschäumen und mit Zitronensaft und Holundersirup verfeinern.

Anrichten

Die Kohlrabinudeln in Butter schwenken. Die Soße auf die Teller geben und die Kohlrabinudeln darauf geben. Den Lachs in Scheiben schneiden, daneben setzen. Mit Estragon garnieren.

TIPP

Das Schneiden geht mit dem Elektro-Messer am besten.

Anstelle von Lachsforelle kann auch normales Lachsfilet genommen werden.

Salzwasser, ob für Gemüse, Nudeln oder Kartoffeln, immer auch abschmecken!

Im Sommer

Wenn die Sonne um 5 Uhr morgens ihre Reise beginnt und mit den ersten Strahlen die umliegenden Bergspitzen in Aquarellfarben taucht, wenn die Täler noch still sind und von federleichten nächtlichen Schwaden zugedeckt, dann ist Sommerzeit auf der Alp. Noch ruht die Welt, die Blütenkelche sind geschlossen, die Flügel eingefaltet, allein eine einzelne Vogelstimme grüßt den kühlen Morgen mit ihrem Lied. Doch sobald die gelbe Scheibe den Horizont erobert, ist die Luft erfüllt von Wärme und erwartungsvollem Leben. Wilde Kräuter und Blüten locken mit würzig-süßen Düften erst Menschennasen und Insektenrüssel, bevor sie handgezupft vom Kräutergarten in die Küche wandern. Allgäuer Braunvieh schiebt sich gemach voran, um an grünen Leckerbissen zu naschen.

Im alten Kupferkessel vor der Schlossanger Alp, Denkmal des Käsereihandwerks, flitzen Wasserläufer einen Morgentanz und warten auf neugierige Kindergesichter, die sich über die Öffnung schieben, um dann Richtung Kuh-Kuh-Maz-Spielplatz zu entschwinden und nur gelegentlich und ausgehungert wieder aufzutauchen.

Ist es der Duft, die Luft, der Berg? Jedenfalls, der Sommer fliegt und mit ihm auch der Mensch. Mit leichtem Schritt geht es nach oben, den Berggipfeln oder einfach der nächsten Anhöhe entgegen, und jeder Blick ins Tal schwingt sich mit Anlauf wieder hoch hinauf. Jetzt zählt allein der Augenblick, dieser schwerelose Takt des Jetzt, den alle Sommerfrische-Gäste kennen, wenn sich fast wie von allein ein Fuß vor den anderen setzt.

Gegen Mittag dann, mit der Sonne im Zenit, ist Zeit zur Pause. Auf der Terrasse der Schlossanger Alp kündet verheißungsvolles Klappern von reich gedeckten Tischen und zischend-kühlem Nass. Jenseits der Sonnenschirme macht der Bergsommer das geschäftige Insektengebrumm zum trägen Fluss, und die Gedanken wandern voraus zum Sprung in den Schwimmteich – oder vielleicht zu einem windumfächelten Sommertagstraum auf der Wiese oder auf der kunstvoll geschnitzten Schneckenbank.

Gefülltes Filetsteak

mit Paprikaletscho und Polenta-Halbmonden

Filetsteak

600 g Filetsteak ohne Kopf und Spitze
150 g Brät vom Kalb
50 g gemischte Kräuter, gehackt
80 ml flüssige Sahne
1 Eigelb
30 ml Sahne, geschlagen
Salz, Pfeffer

Paprikaletscho

800 g rote und gelbe Paprika
100 g Zwiebelwürfelchen
30 g Butterschmalz
1/4 l Fleischbrühe
50 ml Rotwein
1 TL Paprikapulver, edelsüß
Salz, Pfeffer
2 EL Tomatenketchup
1 EL Petersilie, gehackt

Zubereitung

Filetsteak würzen, anbraten und abkühlen lassen. Das Brät mit den restlichen Zutaten zu einer Farce vermengen. Mit dem Messer ein Loch in die Mitte des Fleisches stechen, mit dem Spritzsack die Farce hineinfüllen, in gebutterte Alufolie rollen und kalt stellen. Bei Gebrauch 20 Minuten bei 180 °C im Ofen garen und dann weitere 10 Minuten im ausgeschalteten Ofen ruhen lassen.

Paprika halbieren, vom Kerngehäuse befreien und in Rauten schneiden. Die Zwiebelwürfel im Butterschmalz glasig dünsten, dann die Paprika hinzugeben und mit Paprikapulver, Salz und Pfeffer würzen. Das Ganze mit Rotwein ablöschen und reduzieren. Die Brühe und den Ketchup hinzugeben und weiterkochen, bis die Paprika bissfest ist. Zum Schluss die Petersilie unterheben.

Polenta-Halbmonde

600 ml Milch
125 g Polentagrieß
50 g Butter
1 Eigelb
1 Tomate
75 g Parmesan, gerieben
Salz, Pfeffer

Garnitur

Petersilie, Thymian

Zubereitung

Für die Polenta-Halbmonde Milch und Butter aufkochen, Grieß zugeben und 5 Minuten weiterkochen. Vom Feuer nehmen, die Hälfte des Käses zugeben und das Eigelb unterrühren. Auf ein Blech mit Frischhaltefolie streichen und abkühlen lassen.

Die Tomate blanchieren, von Haut und Kerngehäuse befreien, in Würfelchen schneiden und zusammen mit dem verbliebenen Parmesan auf die vorbereitete Polentamasse geben. Bei Gebrauch Halbmonde ausstechen und in der Pfanne nur auf der Unterseite anbraten. Danach im Ofen bei 180 °C goldbraun übergrillen.

Anrichten

Das Fleisch in etwa 3 cm dicke Scheiben schneiden, auf das Paprikaletscho setzen, die Polenta-Halbmonde anlegen, mit Petersilie und Thymian garnieren.

TIPP Die Polenta-Masse schon am Vortag auf ein Blech ausstreichen, mit Folie abgedeckt aufbewahren. Am Gebrauchstag mit den Tomatenwürfeln und dem Käse bestreuen. Alternativ schmecken auch Bratkartoffeln.

Schweinefilet im Pfannkuchenmantel

mit Sauce Hollandaise

Schweinefilet

400 g Schweinefilets
3 Scheiben Schinken, gekocht
200 g Brät vom Kalb
Butterschmalz
20 g Petersilie
10 g Schnittlauch
50 ml flüssige Sahne
1/2 rote Paprika
Salz, Pfeffer

Pfannkuchenteig

1 Tasse Mehl
2 Tassen Milch
3 Eier
3 EL Pflanzenöl
Salz, Pfeffer

Zubereitung

Die Schweinefilets von den Sehnen befreien, dann würzen und in heißem Butterschmalz ringsherum goldbraun anbraten. Auf einen Teller legen und erkalten lassen.

Den in 5 mm große Würfel geschnittenen Schinken mit dem Brät, der gehackten Petersilie, dem geschnittenen Schnittlauch, der flüssigen Sahne und der in feine Würfelchen geschnittenen Paprika zu einer geschmeidigen Masse verarbeiten und würzen. Dann kaltstellen.

Alle Zutaten für den Pfannkuchenteig samt Öl zu einem glatten Teig verrühren. Nun mit etwas Öl je nach Pfannengröße 4 bis 6 Pfannkuchen ausbacken. Die Ränder abschneiden, sodass ein Viereck entsteht. Dieses auf gebutterte Frischhaltefolie legen und mit der Brätmasse etwa 5 mm dick bestreichen. Dann das gebratene Schweinefilet darauf legen und mit Hilfe der Frischhaltefolie zu einer Rolle einschlagen, zum Stabilisieren mit Alufolie umwickeln. Für 20 Minuten bei 180 °C in den Ofen schieben, dann auf 80 °C herunterschalten und nochmals 10 Minuten ziehen lassen.

Lauchgemüse

400 g Lauch
80 g Butter
Salz, Pfeffer, Muskat

Sauce Hollandaise

(siehe Grundrezept)

Garnitur

Frühlingslauch
Öl
Petersilienblätter
rote Pfefferkörner

Zubereitung

In der Zwischenzeit den Lauch putzen und in Streifen schneiden, in Salzwasser bissfest blanchieren. Dann in Eiswasser abschrecken, um die Farbe zu erhalten, abgießen und in einem Sieb abtropfen lassen. Kurz vor dem Anrichten in Butter heiß anschwenken und abschmecken.

Anrichten

Den Frühlingslauch in etwas Öl frittieren. Auf Küchenkrepp abtropfen lassen.

Die Schweinefilets aus der Folie rollen, die Sauce Hollandaise als Spiegel auf dem Teller platzieren. Das Lauchgemüse darauf legen. Das Schweinefilet in gerade Scheiben schneiden und an das Lauchgemüse anlegen und mit einem Petersilienblatt, frittiertem Frühlingslauch und rotem Pfeffer garnieren.

TIPP

Pfannkuchen schmecken auch als Beilage! Einfach ein paar mehr machen und in Alufolie gerollt im Ofen warm halten.

Anstelle von Lauch eignen sich auch Brokkoli, Rosenkohl oder Spargel.

Die Frischhaltefolie braucht vor dem Erhitzen nicht entfernt werden, in der Alufolie hält sie die Hitze aus.

Die Wege …

vor der Haustür

Die Wege …

vor der Haustür

Alle Wege beginnen mit dem Blick aus dem Fenster: Der hauseigene Meditationsweg lädt erst die Augen, dann die Beine zum Schlendrian. Bei der kleinen Schutzhütte am Rande der Alpwiese verharren Spaziergänger andächtig vor der imposanten Kulisse von Breitenberg und Aggenstein, Wanderer mit den Höhenzielen Mariengrotte oder Falkenstein folgen von hier aus den Wegweisern bergab Richtung Manzengratweg und Steinach, dann einem schmalen Pfad, der am Waldrand steil bergauf führt. Im gewachsenen Fels unterhalb des Falkensteins empfängt sie dann das milde Lächeln der zwei Meter hohen Maria, die seit über hundert Jahren nach dem Willen des Pfrontener Pfarrers Josef Anton Stach ihre Gunst verströmt und längst zur Wallfahrtstätte geworden ist. Weiter bergan mündet der Pfad in die Falkenstein-Straße, und schon geht es auf planem Untergrund hinauf zur Einkehr auf den Falkenstein oder wieder zurück zur Alp.

Wenn die Luft an heißen Bergsommertagen flirrend im Tal steht, ist die Nordseite der Alp Programm! Ein Stück des Weges Richtung Falkenstein verliert sich ein Pfad im kühlen Bergwald und führt durch das Finstertal nach Meilingen, wo entweder der König-Ludwig-Weg in die lichten Alphöhen zurückführt oder das Alpenbad zu einem Sprung ins Wasser lockt. Immerhin kühle Füße verspricht ein Steig, der hinter dem Parkplatz der Schlossanger Alp hinunter zum Manzenstüble führt und dem gurgelnden Lauf des Flüsschens Vils folgt, bis die kleine Brücke bei Pfronten-Steinach auftaucht. Dort beginnt gemächlich der Aufstieg zurück zum luftigen Schlossanger.

Klare Sternennächte belohnen den romantischen Spaziergang auf den Falkenstein mit tiefblauem Blick auf eine Milchstraße in Breitwandformat und bis zum hell erleuchteten Schloss Neuschwanstein bei Füssen. Nur gemeinsam mit den Kindern und brennenden Fackeln ist es noch schöner: Wenn die Flammen die Nachtschatten der alten Burg zum Fliehen bringen, dann weht ein Hauch von Ritterromantik und Abenteuer durch die Bergluft.

Kalbsleber auf Apfelmousseline

mit Pinienkernsoße und Kartoffelpüree

Kalbsleber

600 g Kalbsleber
Salz, Pfeffer
Butterschmalz

Pinienkernsoße

150 ml Kalbsjus
(Grundrezept Buch 1)
2 EL Pinienkerne, geröstet

Mousseline

300 g Äpfel
2 EL Wasser
40 g Zucker
1 Nelke
1/2 Zimtstange

Kartoffelpüree

(siehe Grundrezept)

Garnitur

8 Apfelspalten
1 TL Honig
2 EL Apfelsaft
1/2 Zwiebel
Mehl
glatte Petersilie

Zubereitung

Die Kalbsleber von Haut und Sehnen befreien und in 4 Scheiben schneiden. Vor dem Anrichten kurz auf beiden Seiten in Butterschmalz anbraten, mit Salz und Pfeffer würzen und 3–4 Minuten bei 80 °C im Ofen ruhen lassen.

Kalbsjus aufkochen, die gerösteten Pinienkerne einstreuen.

Für die Mousseline Äpfel schälen, entkernen, mit Zucker, Nelke und Zimt aufkochen und extra fein mixen. Anschließend durch ein Sieb passieren.

Für die Garnitur Apfelspalten mit Honig und Apfelsaft weich kochen. Die Zwiebel in 3 mm starke Ringe schneiden und leicht mehlieren. Anschließend bei 180 °C frittieren.

Anrichten

Lauwarme Apfelmousseline auf dem Teller anrichten. Kalbsleber daneben legen, mit 2 Apfelspalten garnieren, frittierte Zwiebelringe oben anlegen und mit dem Jus leicht nappieren. Einen Löffel Kartoffelpüree ansetzen und mit glatter Petersilie ausgarnieren.

TIPP

Für die Mousseline eignen sich am besten Jona oder Boskop mit ihrer angenehmen Säure.

Kalbstafelspitz

mit Meerrettichsoße und grünem Spargel

Tafelspitz

1 kg Kalbstafelspitz
150 g Karotten
100 g Knollensellerie
150 g Lauch
1/2 Zwiebel
1 Lorbeerblatt
3–4 Wacholderbeeren
1 TL Pfefferkörner
Salz

Soße

50 g Zwiebelwürfelchen
50 g Lauch
1 EL Butterschmalz
200 ml Tafelspitzfond (s. oben)
100 ml flüssige Sahne
1/2–1 TL Speisestärke
50 g Meerrettich, frisch gerieben
1/2 Bund Schnittlauch

für 6–8 Personen

Zubereitung

Die Karotten putzen, schälen und grob schneiden. Sellerie schälen und grob schneiden. Lauch putzen und nur die weißen Teile in Stücke schneiden. Die halbierte Zwiebel auf der Schnittfläche anrösten.

In einem großen Topf 4 Liter Wasser mit Karotten, Sellerie, Lauch, Zwiebelhälfte, Lorbeer, Wacholder und Pfeffer kurz aufkochen. Tafelspitz in den nicht mehr kochenden Fond geben und offen bei mittlerer Hitze 1,5–2 Stunden nur sieden lassen, dabei öfter die Trübstoffe abschöpfen. Fond nach 75 Minuten leicht salzen. Nach Ende der Garzeit das Fleisch herausnehmen, den Fond durch ein Sieb in einen zweiten Topf abgießen. Dann das Fleisch bis zur Weiterverwendung im Fond warm halten.

Für die Soße den Lauch längs halbieren, nur die weißen Teile fein schneiden, waschen und gut abtropfen lassen. Schmalz in einem Topf erhitzen. Zwiebeln und Lauch darin bei mittlerer Hitze 1–2 Minuten glasig dünsten. Fond und Sahne zugießen. Die Soße 2–3 Minuten leicht kochen lassen. Die Speisestärke mit ein wenig kaltem Wasser glatt rühren und die Soße damit abbinden, dann abpassieren. Kurz vor dem Servieren den Meerrettich zugeben. Die Soße noch einmal aufkochen lassen und im Topf mit einem Stabmixer pürieren. Schnittlauch in feine Röllchen schneiden, etwas davon für die Garnitur beiseite stellen, den Rest unter die fertige Soße rühren.

Beilagen

400 g grüner Spargel
30 g Butter
Salz
600 g neue Kartoffeln
Kümmel

Zubereitung

Den Spargel in kräftigem Salzwasser blanchieren. Dann mit Eiswasser abschrecken. Vor dem Anrichten in einer Pfanne mit Butter wieder erwärmen.

Die Kartoffeln mit der Schale in leicht gesalzenem Wasser mit etwas Kümmel weich kochen, danach halbieren und in der Pfanne anbraten.

Anrichten

Den Tafelspitz abtropfen lassen, quer zur Faser in 8 mm dünne Scheiben schneiden und auf vorgewärmten Tellern anrichten. Das Fleisch mit etwas Soße beträufeln, Spargel und Kartoffeln anlegen, mit Schnittlauchröllchen bestreuen und servieren. Die restliche Soße getrennt servieren.

TIPP

Die angeröstete Zwiebelhälfte gibt die goldgelbe Farbe!

Bei grünem Spargel wird nur die untere Hälfte geschält, die obere Hälfte belässt man in der Schale.

Die Wege …

ins Allgäu

Die Wege …

ins Allgäu

Sommer auf der Alp, das heißt für Barbara Schlachter-Ebert und ihre Familie früh aufgestanden, den Rucksack nach allen Regeln der Kunst gepackt und losmarschiert! Mindestens einmal im Jahr geht es auf die Lieblingstour von der Schlossanger Alp zur Saloberalm, ein Kraftweg mit vielen Bänken, die Kinder mit Schokolade-Pause, Apfel-Picknick und Käsebrot-Rast bei Laune halten. Die winzigen wildwachsenden Orchideen auf der ungedüngten Salober Almwiese sind mit über zehn Arten mehr als einen Blick wert. Auch Abkühlung ist nah, eine Fahrstraße führt hinunter zum sagenumwobenen Alatsee.

Etwa 5 Kilometer nördlich der Schlossanger Alp liegen die restaurierten Ruinen Hohen-Freyberg und Eisenberg. Vom Örtchen Zell geht der kürzeste Weg in einer halben Stunde zum Ziel, doch die Genusstour verläuft am Schweinegger Schlossweiher vorbei über verwunschene Pfade durch Wiesen, Moos und Bergwald hinauf zu den mittelalterlichen Burgen, die mit bald tausendjährigen Mauern und fabelhaftem Ausblick aufwarten. Über die Schlossbergalm, natürlich mit kleiner Einkehr, geht es dann auf gut befestigten Wegen wieder nach Zell. Nur wenige Kilometer weiter, nahe Seeg, liegt ein Lieblingsplatz von Barbara. Sogar im Winter und beim Kochen denkt sie mit Vorfreude an den Schwaltenweiher und an das Schwimmen mit Ausblick auf die Allgäuer Bergkette.

Gute Aussichten auf das Ostallgäu beschert ein Ausflug von Hopferau über den Senkelekopf auf die Alpe Beichelstein zum Ziegen füttern und hüten. Ein Abhang sei insbesondere zum gefahrlosen Üben des Steinweitwurfes empfohlen. Ein heißer Sonnentag lässt sich auch am Schwansee zu Füßen der Königsschlösser verbummeln, ob mit oder ohne Besichtigungsprogramm, die Badesachen gehören immer ins Gepäck!

Nach einem langen Tag in der Natur ist das Gepäck am Ende leicht: ein leerer Rucksack, ein befreiter Kopf und ein hungriger Bauch. Und die Füße mögen nur noch dem Weg in die Kaminstube der Schlossanger Alp folgen, um Vesper zu halten.

Ziegernudeln

mit Apfelmus

Ziegernudeln

- 750 g Magerquark
- 250 g Mehl
- 1 Päckchen Backpulver
- 2 Eigelb
- 1 EL Sauerrahm
- 1 EL Kümmel
- Salz, Zucker
- Butterschmalz

Apfelmus

- 1,5 kg Boskop-Äpfel
- 1 Tasse Wasser
- 1 Stange Zimt
- 3 Nelken
- Saft von 1 Zitrone
- 150 g Zucker
- 1 Päckchen Vanillezucker

Zubereitung

Zutaten für die Nudeln alle in eine Schüssel geben und zusammen verkneten. Eine halbe Stunde ruhen lassen. Dann mit mehligen Händen zu daumendicken Nudeln wälzen und in Butterschmalz rundum goldgelb ausbacken.

Äpfel waschen, vierteln und vom Kerngehäuse befreien. Zusammen mit allen anderen Zutaten in einen Topf geben und auf niedriger Stufe köcheln lassen, bis die Äpfel weich sind. Das Ganze durch die Flotte Lotte drehen und abkühlen lassen.

Anrichten

Die gebratenen Ziegernudeln auf dem Teller anlegen, mit Puderzucker und gerösteten Mandelblättchen bestreuen und das Apfelmus im Schälchen daneben platzieren.

TIPP

Wer mag, kann die Ziegernudeln auch herzhaft genießen. Statt mit Apfelmus einfach zu gebratenem Fleisch oder Sauerkraut servieren.

Dies ist ein Lieblingsrezept aus Kindertagen, das meine Oma immer mit uns Kindern zusammen gekocht hat. Heute ist es ein Lieblingsessen meiner Kinder.

Kaffee-Palatschinken

mit Preiselbeeren gefüllt auf Vanillesoße

Palatschinken

200 ml Milch
110 g Mehl
3 Eier
1 EL Espressopulver, frisch gemahlen
Abrieb von 1/4 einer unbehandelten Orange
1 Prise Salz
1 Vanilleschote
30 g Zucker
50 g Butter für Nussbutter
50 g Butter zum Ausbacken

Preiselbeercreme

250 g Preiselbeeren
170 g Gelierzucker
1 Päckchen Vanillezucker
Saft von 1 Zitrone

Vanillesoße

(siehe Grundrezept)

Walnusseis

(siehe Grundrezept Buch 1)

Garnitur

Puderzucker
1 EL Preiselbeeren

Zubereitung

Aus Milch, Mehl, Salz, Vanille und Zucker einen glatten Teig rühren, dann erst die Eier zugeben. Espressopulver und Orangeschale zufügen.

Butter erhitzen, zu hellbrauner Nussbutter werden lassen und zum Schluss in die Masse rühren. Den Teig 20–30 Minuten ruhen lassen und dann dünne Pfannkuchen ausbacken.

Preiselbeeren mit Gelierzucker, Vanillezucker und Zitronensaft 10 Minuten rühren, bis eine bindende Masse entsteht. Mit dieser die fertigen Pfannkuchen bestreichen, dann einrollen und im Ofen warm halten.

Anrichten

Vanillesoßenspiegel auf einem Teller anrichten. Die Palatschinken neben den Spiegel setzen, mit 1 EL Preiselbeeren versehen und mit Puderzucker bestäuben.

TIPP

Eine Kugel Walnusseis dazu servieren. Lecker! Für Haselnusseis bei der Zubereitung einfach nur die Nusssorte austauschen.

Die selbstgemachte Preiselbeercreme lässt sich schon ein paar Tage vorher gut vorbereiten und schmeckt auch zum Frühstück oder zum Wild! Für die schnelle Küche geht auch Preiselbeerkonfitüre aus dem Glas.

Die Pfannkuchen werden schön locker, wenn die Eier erst zugefügt werden, nachdem Mehl und Milch sich gut vermischt haben.

Beim Gelierzucker darauf achten, dass ein besonders hoher Pektingehalt angegeben ist für eine bessere Bindung.

Gebackene Apfelwaffel

mit Pfirsichsalat und Blaubeereis

Apfelwaffel

250 g Mehl
250 ml Milch
20 g zerlassene Butter
1/2 TL Backpulver
1 Päckchen Vanillezucker
2 EL Zucker
1 Prise Salz
2 Eigelb, 2 Eiweiß
1 Apfel

Pfirsichsalat

50 ml Apfelsaft
50 ml trockener Weißwein
1 Päckchen Vanillezucker
1 TL Speisestärke, angerührt
80 g Zucker
1 Spritzer Zitronensaft
2 Pfirsiche

Blaubeereis

(siehe Grundrezept)

Garnitur

Puderzucker
Blaubeeren
Minzeblatt
Pfirsichschiffchen
kalte Milch, geschäumt

Zubereitung

Für den Waffelteig alle Zutaten, bis auf Eiweiß und Apfel, zu einem glatten Teig verrühren. Dann Eiweiß aufschlagen und unter die Masse heben. Den Apfel schälen, entkernen und auf einer groben Reibe reiben. Anschließend unter den Teig ziehen. Zum Ausbacken später eine Schöpfkelle des Teiges ins vorgeheizte Waffeleisen geben.

Für den Pfirsichsalat Apfelsaft, Weißwein, Vanillezucker und Zucker mit etwas Zitronensaft aufkochen und mit der angerührten Speisestärke abbinden. Pfirsiche halbieren, entsteinen, in 5 mm große Würfel schneiden und kurz mit aufkochen lassen. Den Salat mit Folie abdecken und auskühlen lassen.

Anrichten

Zwei Stücke der Herzwaffeln auf dem Teller platzieren, mit Puderzucker bestreuen. Den Pfirsichsalat darunter setzen, das Blaubeereis daneben. Mit Blaubeeren, Pfirsichschiffchen und einem Minzeblättchen dekorieren, Flocken aus Milchschaum daneben setzen.

TIPP

Rubinette als Apfel finde ich besonders lecker.

Auch Kinder können den Nachtisch genießen: Der Alkoholgehalt des Weines ist nach 5 Minuten völlig verschwunden. Alternativ kann man den Wein aber auch einfach weglassen und dafür etwas mehr Apfelsaft nehmen.

Geeister Espresso

mit Pralinés

Geeister Espresso

1/4 l Sahne
1/4 l Milch
30 g Zucker
6 Eigelb
40 g Instantkaffee
2 cl Kosakenkaffee (Kaffeelikör)

Garnitur

Trüffelpralinés
4 Minzeblättchen
Sahne, geschlagen

Zubereitung

Milch und Sahne mit Zucker aufkochen. 2 EL der heißen Milch entnehmen, erst mit dem Eigelb mischen, dann den Instantkaffee unterrühren und schließlich alles zusammen wieder in die Milch zurückgeben und zur Rose abziehen, das heißt rühren, bis eine leichte Bindung entsteht. Dann den Topfboden in eine Schüssel mit kaltem Wasser stellen und weiterrühren, bis die Masse erkaltet ist. Mit Kosakenkaffee verfeinern und die Eisgrundmasse zum Frieren in eine Sorbetière geben.

Anrichten

Den geeisten Espresso in gekühlte Espressotassen füllen und oben glatt streichen. Zur Hälfte mit Kakaopulver bestreuen. Auf einem großen Teller anrichten und die 3 Trüffelpralinen daneben setzen. Mit einer Nocke Sahne und Minzeblatt garnieren.

TIPP Für ein besonderes Aroma ein paar Tropfen Amaretto unter die Sahne ziehen.

Die Trüffelpralinen können bei einem Konditor Ihrer Wahl gekauft werden.

Holunder-Zitronenparfait

mit Buttermilchschaum

Parfait

100 g Holunderpulp
100 ml Zitronensaft
2 Eiweiß
155 g Zucker
2 Blatt Gelatine
400 ml Sahne, geschlagen

Buttermilchschaum

100 ml Buttermilch
20 g Puderzucker
10 g Vanillezucker

Garnitur

1 Blatt Brickteig
(siehe Grundrezept)
Puderzucker
Holunderblätter
Holunderpulp

Zubereitung

Holunderpulp mit 50 g Zucker aufkochen und in eine Schüssel abpassieren. In einer zweiten Schüssel den Zitronensaft mit 30 g Zucker verrühren.

Eiweiß mit den verbliebenen 75 g Zucker über einem Wasserbad in einer Schüssel aufschlagen. Die in kaltem Wasser eingeweichte Gelatine dazugeben und kalt schlagen.

Nun die kalte Eiweißmasse auf beide Schüsseln mit Holunderpulp und Zitronensaft aufteilen und unterheben. 250 ml der Sahne unter die Zitronenmasse und 150 ml unter die Holundermasse heben.

Die beiden Massen abwechselnd in eine mit Frischhaltefolie ausgelegte Parfaitform einschichten und für 5 Stunden ins Gefrierfach geben. Vor dem Anrichten die Form stürzen, Folie vom Parfait abziehen und es dann in Scheiben schneiden.

Buttermilch, Puderzucker und Vanillezucker mit dem Mixstab aufschäumen.

Anrichten

Ein fertig gebackenes Brickteigblatt mit Puderzucker bestäuben und damit den Teller dekorieren.

Den Buttermilchschaum auf dem Teller platzieren, darauf das Holunder-Zitronenparfait setzen, mit zwei Tropfen Holunderpulp und Holunderblättern garnieren.

TIPP

Holunderpulp sind pürierte Holunderbeeren ohne Schalen und Kerne.

Für den eigenen Vorrat im September die Holunderbeeren sammeln, abreiben und einfrieren. Alternativ lassen sich auch gefrorene Heidelbeeren verwenden.

In der Familie

Sommerpicknick

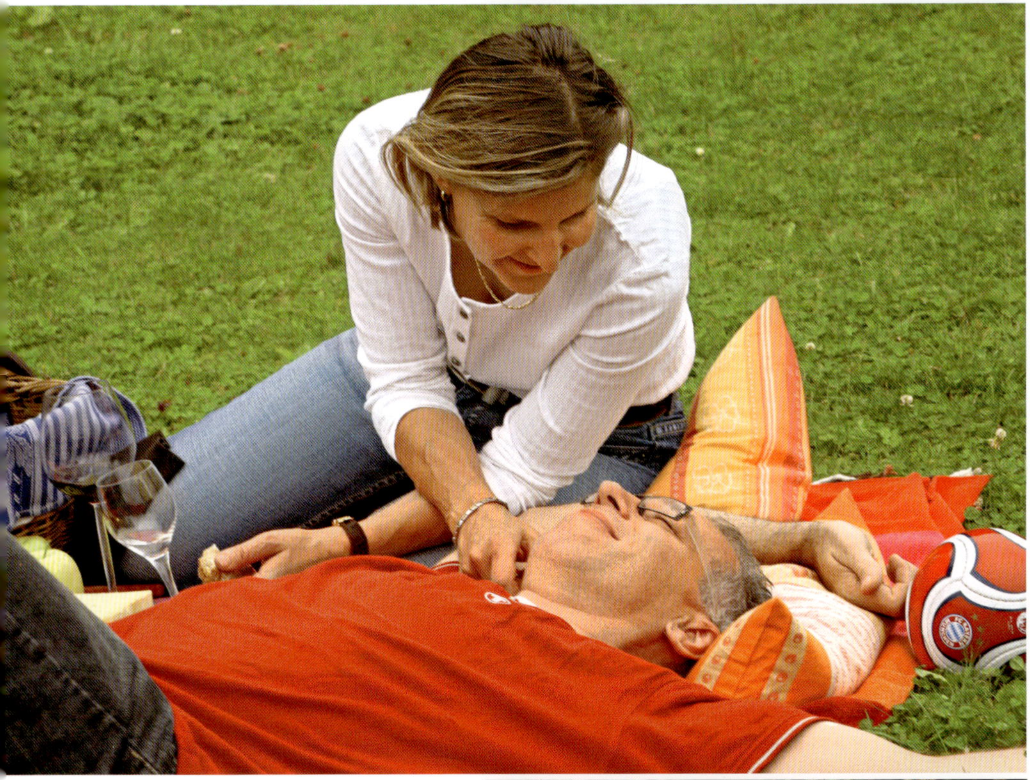

Kokos-Mandelkuchen

mit flüssiger Sahne

Zutaten

3 Eier
400 g Zucker
350 g Mehl
1 Päckchen Backpulver
300 ml Buttermilch
50 g Mandeln, gehobelt
50 g Kokosflocken
250 ml flüssige Sahne

Zubereitung

Die Eier mit 300 g des Zuckers etwa 2–3 Minuten schaumig rühren. Das Mehl sieben, mit Backpulver und Buttermilch verquirlen. Nun die beiden Massen miteinander vermengen und auf ein Backblech streichen oder in 2 Kuchenringe geben. Mandelhobel und Kokosflocken mit dem verbliebenen Zucker mischen und gleichmäßig auf dem Teig verteilen.

Bei 180 °C im vorgeheizten Backofen 20 Minuten backen. Den Kuchen aus dem Ofen nehmen und mit dem Holzspieß viele kleine Löcher stechen, Sahne darüber träufeln und gleichmäßig verteilen. Vor dem Anschneiden 10 Minuten ruhen lassen, dann erst mit Puderzucker bestreuen.

TIPP

Am besten schmeckt der Kuchen lauwarm. Wenn er vorgebacken ist, vor dem Servieren noch mal kurz im Ofen erwärmen.

Das ist ein Lieblingskuchen von mir und meinen Gästen.

Kirschofenschlupfer

mit Marzipan und Vanilleparfait

Zopfmischung

300 g Hefezopf
80 g Marzipan
200 g Kirschen
Puderzucker

Royale

4 Eigelb
150 ml Sahne
100 ml Milch
80 g Zucker
1 Prise Salz
1 Päckchen Vanillezucker

Vanilleparfait

1 Ei
2 Eigelb
1 Vanilleschote
80 g Zucker
200 ml geschlagene Sahne

Kirschsoße

200 ml Kirschsaft
70 g Zucker
2 EL Speisestärke

Garnitur

Waldmeisterblättchen
Mandeln, gehobelt

Zubereitung

Für den Ofenschlupfer Hefezopf und Marzipan in Würfel schneiden und mit den entsteinten und halbierten Kirschen vermengen. Für die Royale alle Zutaten glatt rühren. Die Zopfmischung in ein ausgebuttertes Backförmchen geben und mit der Royale angießen, sodass die Flüssigkeit die Zopfmischung etwa bis zur halben Höhe durchtränkt. Dann bei 170 °C für etwa 40 – 50 Minuten im Ofen backen lassen. Anschließend mit Puderzucker bestäuben.

Für das Vanilleparfait die Vanilleschote ausschaben und das Mark gemeinsam mit Ei, Eigelb und Zucker über einem Wasserbad erst warm und im Anschluss daran wieder kalt schlagen. Danach die geschlagene Sahne unterheben und die Masse dann in eine mit Folie ausgelegte Form gießen und für etwa 6 Stunden ins Gefrierfach stellen.

Für die Kirschsoße Speisestärke mit 2 EL Kirschsaft anrühren. Den restlichen Saft mit Zucker aufkochen und mit der Speisestärke binden. Diese Soße über 100 g gefrorene Kirschen gießen, nochmals aufkochen und abgedeckt kalt stellen.

Anrichten

Mandeln mit Puderzucker und etwas Zimt im Ofen bei 180 °C goldbraun rösten.

Den gebackenen Ofenschlupfer in die Mitte des Tellers platzieren, die gebundenen Kirschen daneben setzen. Das Vanilleparfait aus der Form drücken und mit Kirschsoße garnieren. Mit Mandeln überstreuen.
Dann die Schokoladen-Deko dazu setzen und mit Waldmeister garnieren.

TIPP

Anstelle der Kirschsoße schmeckt auch Vanillesoße (siehe Grundrezept).

Quark-Kirsch-Eis auf Sauerrahmsoße

mit altem Balsamico-Essig

Quark-Kirsch-Eis

350 ml Buttermilch
250 g Quark
200 g Zucker
1 EL Vanillezucker
100 g Kirschen
1/2 Zitrone
30 g weiche Butter

Sauerrahmsoße

200 g Sauerrahm
30 g Puderzucker
1 TL Zitronensaft
1 Prise Cayennepfeffer
1/2 TL Vanillezucker

Garnitur

1 EL alter Balsamico-Essig
(etwa 20 Jahre)
Zitronenmelisse
(sieht aus wie Rosmarin!)
schwarzer Sesam
weißer Sesam, geröstet
1 Hippenblatt
(siehe Grundrezept)
Kirschen

Zubereitung

Für das Quark-Kirsch-Eis alle Zutaten zusammen verrühren, mixen und 30 Minuten kühl stellen. Anschließend abpassieren und in der Sorbetière frieren lassen.

Für die Sauerrahmsoße alle Zutaten miteinander glatt rühren und kalt stellen.

Anrichten

Die Sauerrahmsoße in den tiefen Teller geben, dann eine Nocke vom Quark-Kirsch-Eis darauf setzen. Anschließend mit einem Tropfen alten Balsamico beträufeln und mit Rosmarin, Sesam und Hippenblatt garnieren.

TIPP

Das Quark-Kirsch-Eis eignet sich sehr gut als Zwischengang.

Als Sorbet zum Dessert schmeckt es am besten ohne den Balsamico-Essig.

Quarkcreme

auf Beerenragout

Quarkcreme

200 g Quark
70 g Zucker
150 ml Milch
1/2 Zitrone
1 Päckchen Vanillezucker
4 Blatt Gelatine
130 ml geschlagene Sahne

Beerenragout

500 g gemischte Beeren
150 ml Johannisbeersaft
200 g Zucker
Saft von 1/2 Zitrone
2 TL Speisestärke
1 Vanilleschote

Hippenblatt

(siehe Grundrezept)

Zubereitung

Den Quark mit Zucker, Vanillezucker, Milch und dem Abrieb und Saft einer halben Zitrone glatt rühren. Die Gelatine in kaltem Wasser einweichen und dann in eine kleine Schüssel geben und auflösen. 3 EL von der Quarkcreme nehmen und mit der Gelatine glatt rühren. Dies dann unter den Quark rühren, anschließend die Sahne unterheben und alles zusammen in eine große, mit Frischhaltefolie ausgelegte Auflaufform geben oder in einzelne Schüsselchen füllen.

Johannisbeersaft zusammen mit Zucker, Zitronensaft und ausgekratztem Mark der Vanilleschote aufkochen lassen und mit angerührter Speisestärke abbinden. Den heißen Fond über die Beeren gießen. Mit einem Löffel leicht unterheben und kalt stellen.

Anrichten

Die Auflaufform mit der Quarkcreme stürzen, die Folie abziehen. In Dreiecke schneiden und je eines auf dem Teller platzieren, das gemischte Beerenragout daneben setzen. Das Hippenblatt mit Kakaopulver bestreuen und auf den Teller setzen.

Im Berg Quell

Im Berg Quell

Wenn der Sommer sich in eine Wolke hüllt oder süßes Nichtstun die beste Aussicht verheißt, dann ist Wellnesstag!

Im Berg Quell findet sich Zeit, zwischen Wasserrauschen und duftenden Dämpfen das Selbst zu pflegen. In den luftigen Räumen aus alpinem Stein und Holz, Schmiedeeisen und Glas lässt sich der Gegensatz von Hitze und Kälte erforschen, bis Körper und Geist sich in heiterem Wohlgefühl verklären.

Wer mag, fängt den Tag schon vor dem Frühstück mit ein paar Schwimmzügen an, um den letzten Rest an Schläfrigkeit zu vertreiben. Von ungewohntem Wandern steife Muskeln geben seufzend nach, wenn die Hitze der Sauna tief in alle Schichten dringt. Feuchte Schleier im Dampfbad machen die Haut rosig und pflegen Atemwege und Gelenke.

Die Physiotherapeutin der Alp bietet fachkundige Körperarbeit, löst Spannung auf in starke Bilder und führt angestrengte Köpfe und Leiber zurück zur eigenen Mitte, hin zur inneren Quelle. Reichhaltige Öle tropfen aus dickwandigen Flaschen, sanfte Finger kneten, streichen, klopfen, bis alle Fasern sich geschmeidig dehnen. Auf Rosen gebettet und unter heißen Steinen fließen die Gedanken fort und verflüchtigen sich zwischen weichen Tüchern.

In der Schönheitspflege geben heimische Gebirgskräuter ihre Wirkstoffe an die Zellen ab, lösen den Alltag aus Gesichtern und durchtränken alles mit der Frische und der lebendigen Kraft der Natur.

Wohlig erschöpft und ausgestreckt unter dem durchsichtigen Dach der „Himmelspforte" oder draußen auf der Wiese sind dann beim Luftbad die lichtdurchwebten Augenlider dem Himmel zugewandt. Ein Grashalm streift die Hand und weckt sie auf. Gleich nebenan, auf einem Tischchen, steht eine Tasse Tee frisch aus dem Samowar, und mit jedem Schluck genießt der Gast einfach nur das Sein, und in seinem Schauen auf Sonnenstrahlen und Wolkenschatten, Falkenstein und Alpwiesen lädt er sich kraftvoll wieder auf.

BergQuell

Bergpost
Bergsommer

Grundrezepte

Blaubeereis

250 g Blaubeeren
250 g Naturjoghurt
200 ml Sahne
200 g Zucker, Saft von 1/2 Zitrone

Alle Zutaten für das Blaubeereis zusammen verrühren, anschließend mixen und dann durch ein Sieb streichen. Die Masse in der Sorbetière gefrieren lassen.

Brickteigblatt

Zum Verzieren von Desserts ein Brickteigblatt in verschiedene Formen schneiden und mit Puderzucker bestreuen. Nur 3 Minuten im Backofen bei 150 °C goldgelb backen und abgekühlt damit den Teller dekorieren.

Butterschmalz

250 g Butter schmelzen und anschließend durch ein Küchenkrepp laufen lassen, um die Molke zu entfernen, die sonst beim Erhitzen zu schnell verbrennt.

Hippenblatt

100 g Mehl
100 g Puderzucker
100 g weiche Butter
100 g Eiweiß

Mehl und Puderzucker in eine Schüssel sieben, Butter und Eiweiß hinzufügen und alles mit dem Schneebesen zu einem glatten Teig rühren (nicht schaumig schlagen). Mit Folie abdecken und 1 Stunde kalt stellen. Aus einem Karton eine beliebige Schablone herausschneiden und diese dann auf ein Blech mit Backpapier legen. Mit einer Palette den Teig darüber streichen und Schablone abziehen. Bei 150 °C hellbraun backen.

Kartoffelpüree

800 g Kartoffeln, mehlig kochend
100 ml Milch
50–150 g Butter nach Geschmack
Salz, Muskat

Kartoffeln schälen, kochen und ausdampfen lassen, dann durch die Kartoffelpresse drücken. Milch mit Butter aufkochen lassen, mit Salz und Muskat würzen und anschließend auf die Kartoffeln gießen. Alles mit dem Kochlöffel gut verrühren und dann nachschmecken. Nicht den Schneebesen verwenden, da das Pürree sonst kleistrig wird.

Für die Menge von 2 EL Kartoffelpüree bei den Garnelen reichen folgende Mengenangaben: 100 g Kartoffeln, 20 ml Milch und 20 g Butter.

Kartoffelwürfelchen

300 g Kartoffeln
Salz, Pfeffer
Butterschmalz

Kartoffeln schälen und in 1 cm große Würfel schneiden, 10 Minuten zum Stärke ausschwemmen in kaltes Wasser legen, damit sie beim Braten gleichmäßig braun werden. Dann im Sieb abtropfen lassen und auf Küchenkrepp gründlich abtrocknen. Dann in Butterschmalz anbraten, mit Salz und Pfeffer würzen.

Kräutersauerrahm

200 g Sauerrahm
50 g gemischte Kräuter, gehackt
Salz, Pfeffer, Zitronensaft
Pernod

Alle Zutaten gut miteinander verrühren.

Maultaschenteig

250 g Mehl, 4 Eigelb
40 ml Wasser
Salz, 1 EL Öl

Für den Teig alle Zutaten zu einem festen Teig verkneten und 20 Minuten ruhen lassen.

Danach den Maultaschenteig mit der Nudelmaschine in Platten ausrollen und auf das Maultaschenbrett legen. Die Farce auf die untere Teigplatte portionieren, die Zwischenräume mit Eigelb bestreichen, dann die zweite Teigplatte darauf legen und mit dem gezacktem Teigrädchen quadratische Maultaschen schneiden.

Bei Gebrauch im Salzwasser 4 bis 5 Minuten köcheln lassen, herausnehmen, mit Butter anglänzen und anrichten.

Sauce Hollandaise

100 g Butter, geschmolzen
3 Eigelb
100 ml trockenen Weißwein, Salz
1 Spritzer Zitronensaft

Für die Sauce Hollandaise Eigelb mit Weißwein, Salz und etwas Zitronensaft in einer Schüssel auf dem Wasserbad schaumig schlagen, bis die Masse eine für den Finger heiße, aber noch angenehme Temperatur hat. Dann die in einem kleinen Töpfchen geschmolzene Butter langsam unter die Eiermasse heben. Die Sauce Hollandaise bei 50 °C warm halten und ruhen lassen. Die Soße erst ganz zum Schluss zubereiten, denn sie hält sich nicht lange.

TIPP

Diese Soße passt auch gut zu Spargel und Kartoffeln.

Vanillesoße

1/2 l Milch, 1 Vanilleschote
1 Päckchen Vanillezucker, 70 g Zucker
30 g Speisestärke, 3 Eigelb

Das Mark der Vanilleschote auskratzen, dann zusammen mit der Schote in die Milch geben. Vanillezucker und Zucker zufügen und aufkochen lassen. Die Stärke mit einem Löffel kalter Milch verrühren, zugeben und aufkochen lassen. Dann das Eigelb mit etwas heißer Soße glatt rühren und dazugeben. Jetzt nicht mehr kochen lassen und durch ein Sieb in eine Schüssel gießen, dann kalt stellen.

TIPP

Für einen intensiveren Vanillegeschmack am Vorabend das Vanillemark mit der Schote in die kalte Milch geben und über Nacht im Kühlschrank ziehen lassen.

Wer die Vanillesoße lieber ohne Eigelb macht, aus Geschmacksgründen oder mangels Kühlung, gleicht das mit mehr Stärke aus und nimmt dann insgesamt 50 g Speisestärke.

Rezepteverzeichnis

Fleisch

Fisch

Gemüse und Salate

Suppen

Süßes

Tippverzeichnis

Meine drei Allgäuer Jahreszeiten

Barbara Schlachter-Ebert, die Küchenchefin auf der Schlossanger Alp vor den Toren Pfrontens, kennt das Allgäu in all seinen Facetten. Gäste ihres Hauses schätzen vor allen Dingen ihr Gespür dafür, das Leben auf der Alp zu jeder Jahreszeit zu einem Erlebnis zu machen.
In ihrem ersten von drei Bänden „Meine drei Allgäuer Jahreszeiten" stellt sie die lange Zeit zwischen Dezember und Mai vor, in der Eis, Schnee und erste Blüten nicht nur die Küche der leidenschaftlichen Spitzenköchin prägen, sondern auch die 25 jahreszeitliche Rezepte.

Weil dies auch die stille Zeit ist, in der man sich der eigenen Ursprünge und der Familie besinnt, schaut Band 1 „Eisblüten" auch zurück auf die Ursprünge der Schlossanger Alp.

BARBARA SCHLACHTER-EBERT
Eisblüten – MEINE DREI ALLGÄUER JAHRESZEITEN

108 Seiten, Hardcover mit Schutzumschlag (21 x 21 cm)
ISBN: 978-3-86528-625-3
€ (D) 19,90/€ (A) 20,50/CHF 32,-
bereits erschienen

Im dritten Band der Reihe „Meine drei Jahreszeiten" führt Barbara Schlachter-Ebert uns in die dritte Allgäuer Jahreszeit von September bis Dezember. In dieser Zeit erntet „der Herbst ... bunte Blätter im pilzduftenden Wald und sät Herbstzeitlose auf die Wiesen".

Im Herbst liegt der Reichtum des Jetzt und der Samen des Morgen. Auf der Schlossanger Alp genießen wir mit Barbara Schlachter-Ebert das Heute und schauen mit ihr auf ihrem Weg und manchem Allgäuer Wanderweg ein Stück voraus. Die 25 Rezepte dieses Bandes schwelgen mit dem Erntedank in der Fülle der Natur.

BARBARA SCHLACHTER-EBERT
Herbstzeitlose – MEINE DREI ALLGÄUER JAHRESZEITEN

108 Seiten, Hardcover mit Schutzumschlag (21 x 21 cm)
ISBN: 978-3-86528-627-7
€ (D) 19,90/€ (A) 20,50/CHF 32,-
erscheint im Herbst 2009

Impressum

Herausgeberin
Katharina Többen, Neustadt/Weinstraße

Rezepte
Barbara Schlachter-Ebert
Schlossanger Alp Berghotel, 87459 Pfronten
Telefon 08363-914550
www.schlossanger.de

Texte und Projektleitung
Carmen und Thomas Nehm, Etting

Fotografie
Björn Kray Iversen, Albersweiler
Außerdem:
Rohde Fotografie: S. 67 mitte links, unten rechts, S. 74/75, S. 77 unten links, S. 101 oben links und mitte links.
Tammen Fotografie: S. 11, S. 29 oben links, mitte links, S. 60 rechts, S. 64/65, S. 67 oben rechts, S. 77 mitte.
Barbara Schlachter-Ebert: S. 12/13, S. 34/35, S. 43.
Hans Haas: S. 6.

Wir bedanken uns für die freundliche Unterstützung bei:
Rosenthal AG, Selb
Rösle GmbH & Co. KG, Marktoberdorf

Gestaltung, Satz und Produktionen
Eva-Maria D'Auria, Lüneburg

Reproduktion
RGD, Digitale Medientechnik, Langen

Druck und Verarbeitung
Druckkollektiv, Gießen

Printed in Germany
ISBN: 978-3-86528-626-0

Die Ratschläge in diesem Buch sind von der Autorin und dem Verlag sorgfältig erwogen und geprüft, dennoch kann eine Garantie nicht übernommen werden. Eine Haftung der Autoren und des Verlages für Personen-, Sach- und Vermögensschäden ist ausgeschlossen.
Die Rezepte sind üblicherweise für 4 Personen ausgerichtet, soweit nicht anders vermerkt.

Besuchen Sie uns im Internet: **www.umschau-buchverlag.de**